…e adopté par les Maisons d'Éducation de la Légion d'honneur

ÉTUDES

DE

SOLFÈGE

En Clé de SOL

PAR

B.-M. COLOMER

EN DEUX LIVRES :

PREMIER LIVRE *avec accompagnement* de piano	Net.	2 Francs.
PREMIER LIVRE *sans accompagnement* de piano	Net.	» 75 c.
DEUXIÈME LIVRE *avec accompagnement* de piano	Net.	3 Francs.
DEUXIÈME LIVRE *sans accompagnement* de piano	Net.	1 Franc.

PARIS
AU MÉNESTREL, 2bis, rue Vivienne, HEUGEL & Cie
ÉDITEURS DES SOLFÈGES ET MÉTHODES DU CONSERVATOIRE

1899

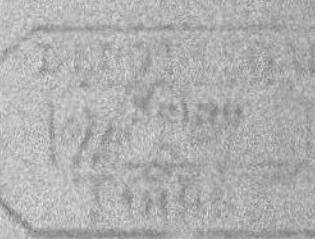

ÉTUDES DE SOLFÈGE

A Monsieur THÉODORE DUBOIS

DIRECTEUR DU CONSERVATOIRE NATIONAL DE MUSIQUE ET DE DÉCLAMATION
MEMBRE DE L'INSTITUT

ÉTUDES

DE

SOLFÈGE

En Clé de SOL

(INTONATIONS ET RYTHMES)

PAR

B.-M. COLOMER

EN DEUX LIVRES :

PREMIER LIVRE : Leçons en *ut* majeur et *la* mineur.

Première Série : Intonations.
Deuxième Série : Altérations et transformations des valeurs.

Ce premier livre *avec accomp[t]* de piano, net : 2 fr. — *Sans accomp[t]* net : 0 75 c.

DEUXIÈME LIVRE : Tonalités diverses et mesures composées.

Première Série : Tonalités diverses.
Deuxième Série : Mesures simples et composées ; Virtuosité.

Ce deuxième livre *avec accomp[t]* de piano, net : 3 fr. — *Sans accomp[t]* net : 1 fr.

PARIS
AU MÉNESTREL, 2bis, rue Vivienne, HEUGEL & Cie
ÉDITEURS DES SOLFÈGES ET MÉTHODES DU CONSERVATOIRE

Le but de cet ouvrage est de condenser les difficultés du Solfége en clé de sol et de les présenter avec un ordre méthodique nouveau, une classification progressive au point de vue des intervalles mélodiques et des combinaisons rythmiques, avec surtout un caractère essentiellement musical donné même aux exercices élémentaires.

Guider dès les premières études l'instinct musical de l'élève en le faisant progresser sans effort et sans ennui.

B.-M. COLOMER.

Paris, le 1er Décembre 1898.

Mon cher Colomer,

J'ai parcouru les Études de Solfège en Clé de Sol dont vous voulez bien m'offrir la dédicace. Je vous félicite de l'ordre et de la méthode que vous avez apportés dans ce travail. Il est difficile de faire un bon solfège après tous ceux qui existent; il est difficile d'intéresser à la fois les élèves et les musiciens; vous avez réussi. Votre ouvrage passe en revue toutes les matières, toutes les difficultés; il est bien progressif et reste toujours musical.

Croyez, mon cher Colomer, à mes meilleurs sentiments.

TH. DUBOIS.

TABLE

PREMIER LIVRE

1re Série

INTONATION

2e Série

ALTÉRATIONS ET TRANSFORMATIONS DES VALEURS

DEUXIÈME LIVRE

3e Série

Tonalités diverses

4e Série

(PREMIÈRE PARTIE)

Mesures simples et composées

Mesures peu usitées

(DEUXIÈME PARTIE)

Virtuosité

IMPRIMERIE CHAIX, RUE BERGÈRE, 20, PARIS. — [illegible] — (Encre Lorilleux).

Etudes de Solfège

en clé de sol

PAR

B. M. COLOMER.

INTONATIONS.

2E LIVRE

Tonalités diverses

Virtuosité.

3E SÉRIE.

RHYTHMES.

2E LIVRE

Mesures composées

Variations.

3E SÉRIE.

Nº 91.

Sol majeur.

p

p

Retenu.

f

p

Allegro.

CHANT.

f

92.

PIANO.

MI mineur.

RÉ majeur.

Allegro.

CHANT.

96.

PIANO.

p

p

p

Retenu.

f

Si mineur.

p
pp
Andte moderato.
CHANT.
98.
PIANO.
mf
p
f
p
p
p

LA majeur.

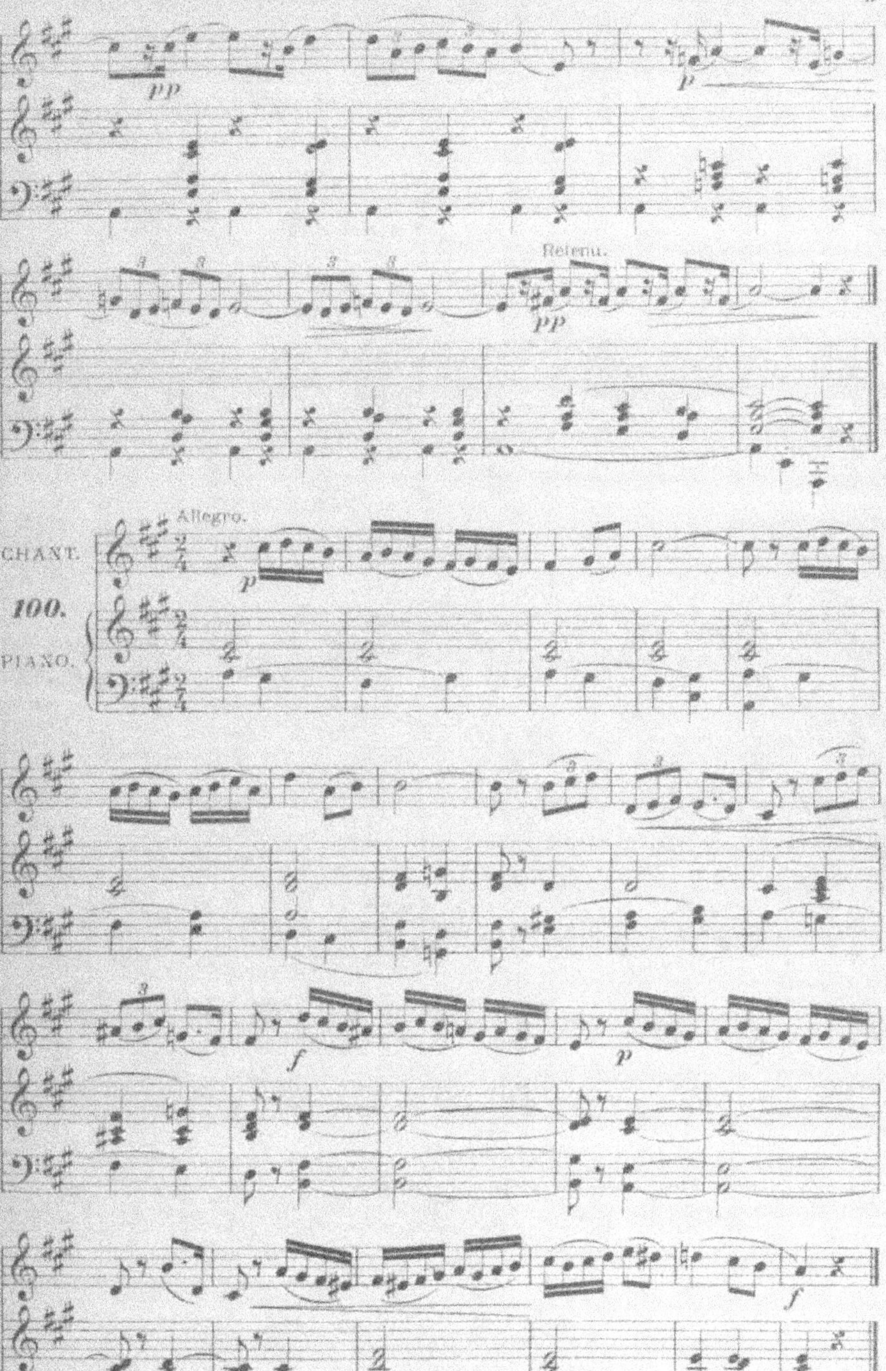

Retenu.

100.

Allegro.

CHANT.

PIANO.

FA dièze mineur.

Allegro.
CHANT.
102.
PIANO.

MI majeur.

Andantino.
CHANT.
103.
PIANO.
All° non molto.
CHANT.
Joyeux.
104.
PIANO.

Elargissez.

UT dièze mineur.

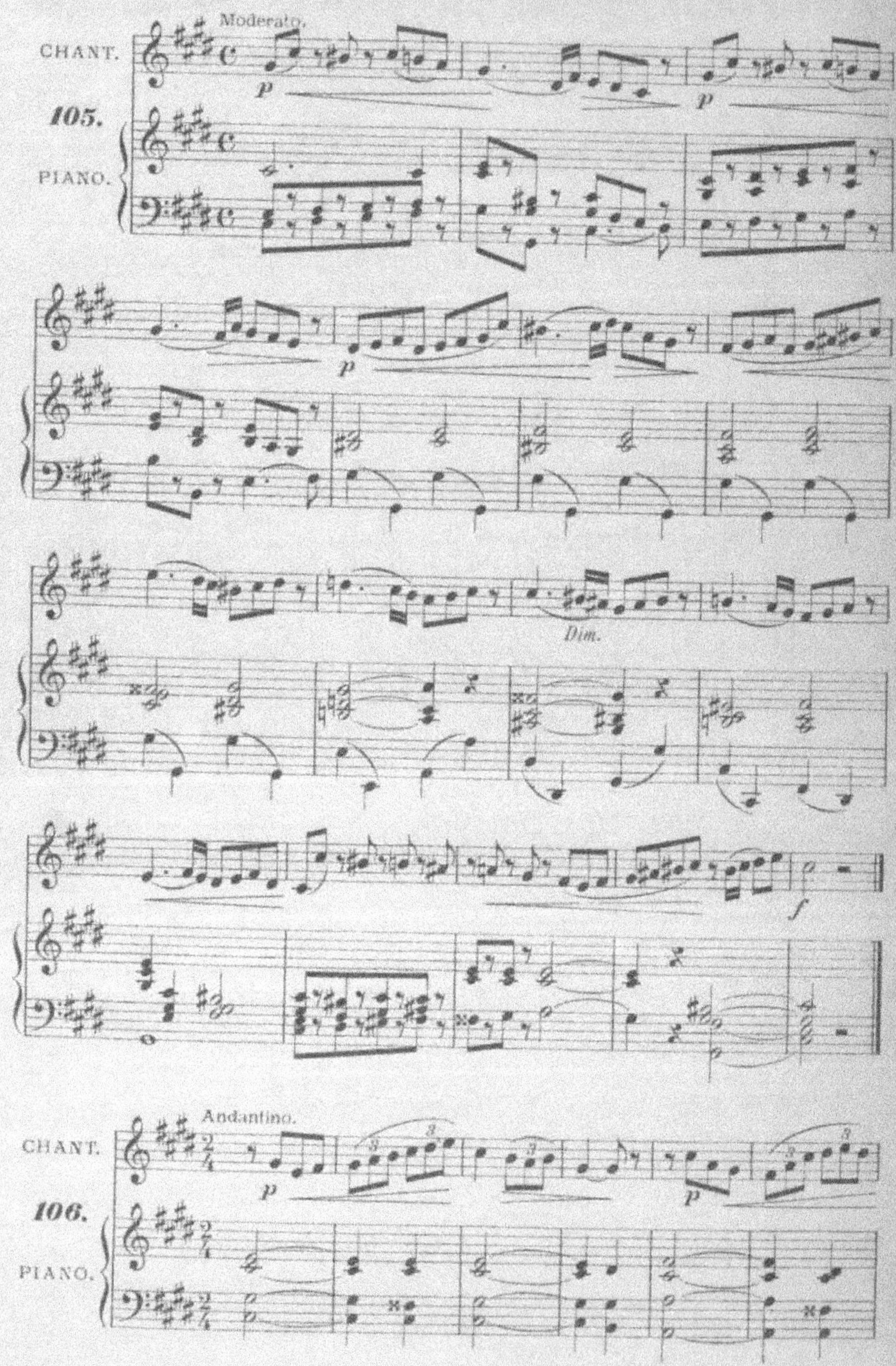

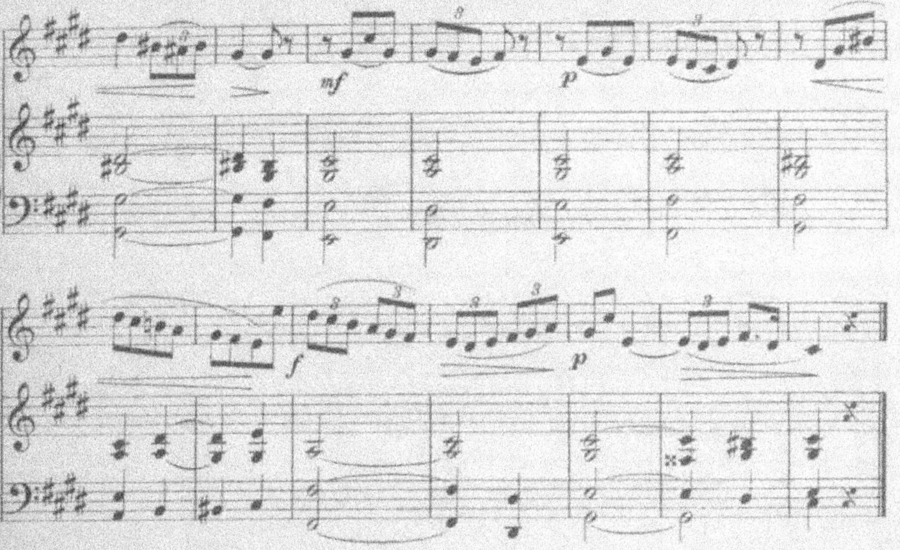
mf
p
f
p

FA majeur.

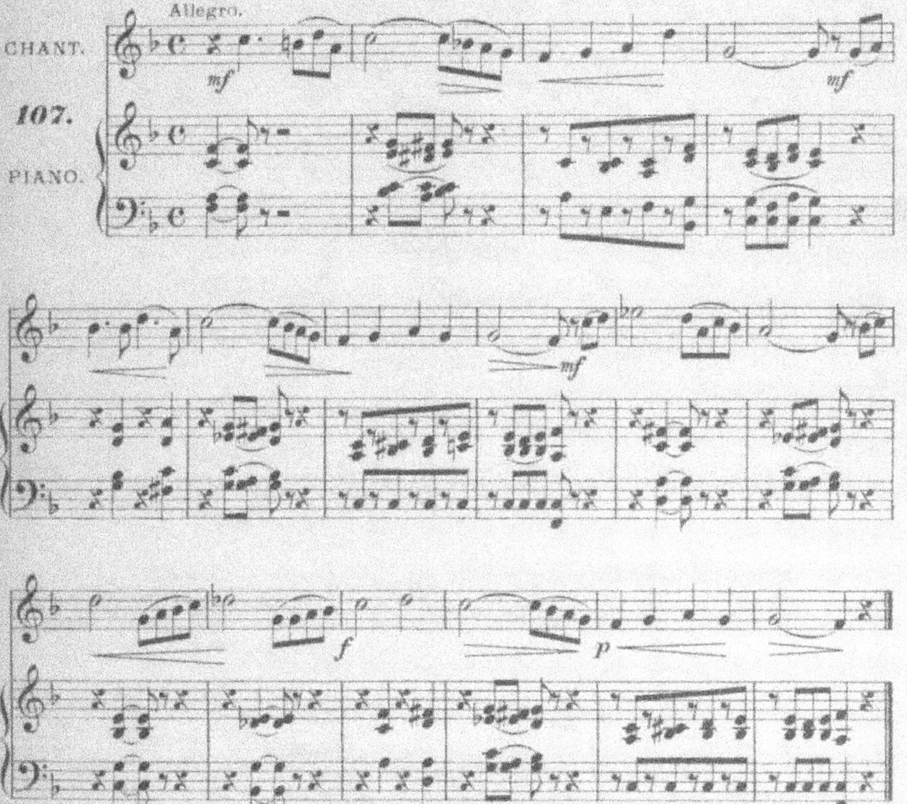
Allegro.
CHANT.
107.
PIANO.
mf
mf
mf
f
p

Andante.
CHANT.
P Con express.
108.
PIANO.
p
p
RÉ mineur.
Allº moderato.
CHANT.
f Joyeux.
109.
PIANO.
mf

f p

110.

All° non molto.

CHANT.

PIANO.

mf

mf

p

f

SI bémol majeur.

mf
f
SOL mineur.
Moderato.
CHANT.
113.
PIANO.
p
p
pp

Allegro.
CHANT.
114.
PIANO.
mf
p

pp
MI bémol majeur.
Andante.
CHANT.
115.
PIANO.
p
p
p
p
p

All° moderato.
CHANT.
116.
PIANO.
Retenu.

UT mineur.

Andte molto.
CHANT.
118.
PIANO.
p
p
Retenu.
LA bémol majeur.
Moderato.
CHANT.
119.
PIANO.
p
Très lié.
mf
p

Dim.

Moderato.

CHANT.

120.

PIANO.

p

f

p

FA mineur.

Moderato.

122.

CHANT.

PIANO.

mf

p

mf

f

4ᵉ Série.

Mesures simples & composées.

f

124.

CHANT.

PIANO.

Allº con spirito.

p

p

Cresc.

f

p

Dim.

p

All° moderato.
CHANT.
125.
PIANO.
p
f
p
p
f
p
p
Dim.
pp

And^te moderato. (♪)
CHANT.
126.
PIANO.
mf
p

Martiale. (♩.)
CHANT.
127.
PIANO.

Mesures peu usitées.

(à deux temps.)

3 noires par temps.

(à deux temps)

3 doubles-croches par temps.

(à trois temps)
3 noires par temps.
And^te molto sostenuto.
CHANT.
130.
PIANO.
p
Largement.
fp
p
f
pp

(à trois temps)

3 doubles-croches par temps.

(à quatre temps)

3 noires par temps.

(à quatre temps)

3 doubles-croches par temps.

Changements de mesure.

p
p
p

All? non molto.
CHANT.
135.
PIANO.

Changements de Mesure, de Rythme & de Mouvement.

Andante.

All° vivo.

Rit.

Moderato.

Allegro.

Moderato.

Allegro.
Andante.
Retenu.
Allº vivo.
Triples croches.
Andante.
CHANT.
137.
PIANO.

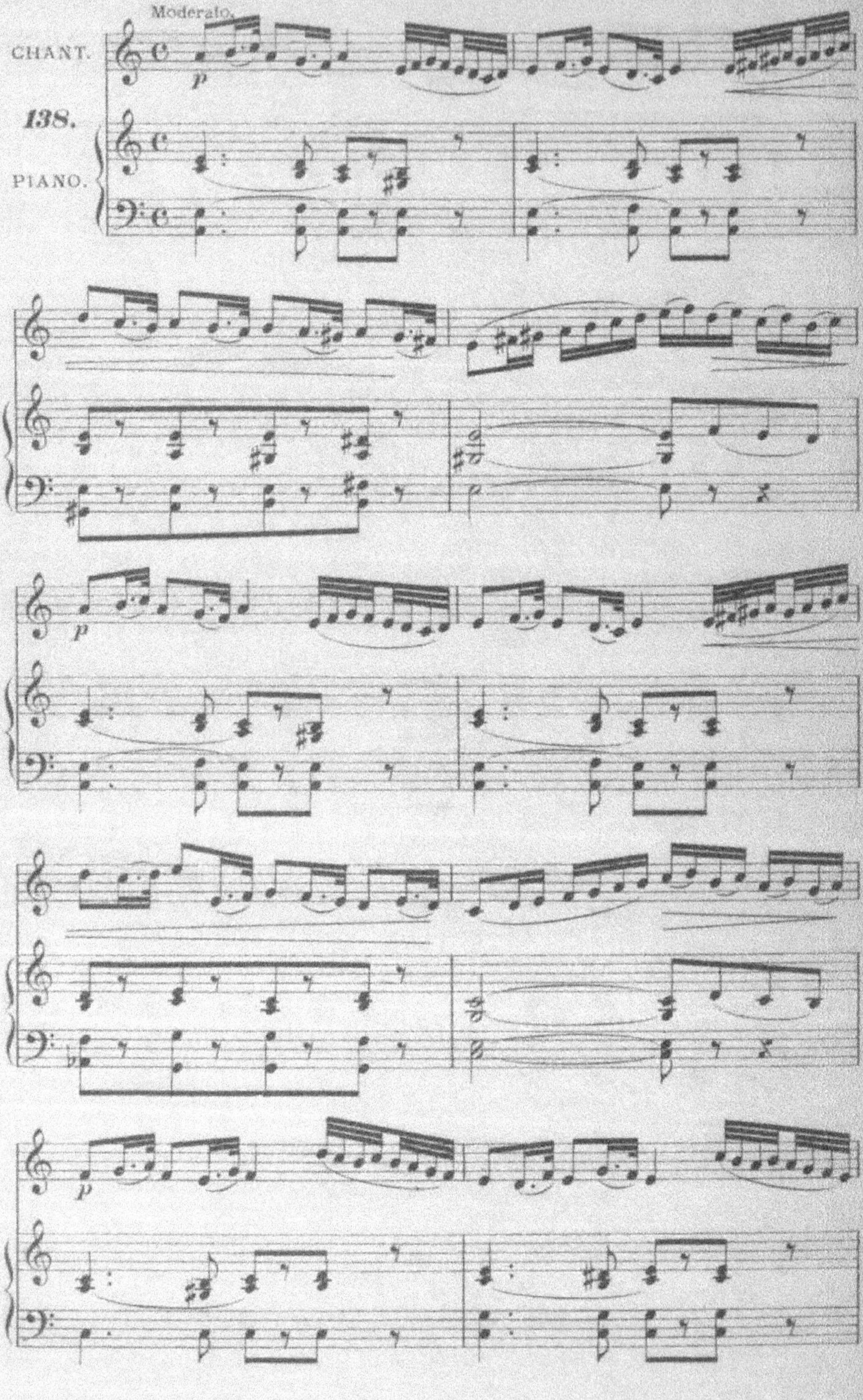
Moderato.
CHANT.
138.
PIANO.
p
p
p

p
mf
p
mf
f

Le Gruppetto.

All? non troppo.
CHANT.
140.
PIANO.

L' Appogiature.

Andte expressivo.
CHANT.
142.
PIANO.
p
mf
p

Largement.

Allegro.
CHANT.
143.
PIANO.
p
p
Moins vite.
p
3
3

p
Iº Tempo.
p
p

Moderato.
CHANT.
144.
PIANO.
p
mf
p
mf
p
mf
p
p

p
p
mf
Largement.
f

All° moderato.

CHANT.

145.

PIANO.

mf

f

mf

f

p

pp

p
mf
f
mf
f

Vivo.
CHANT.
146.
PIANO.
p Très léger.
p Très doux.

And^te cantabile.
CHANT.
147.
PIANO.
mf
Très expressif.
mf
mf
pp
mf
pp
mf
p

p
pp
p
pp
p
p
mf
mf
f
m.g.

Moderato.
CHANT.
148.
PIANO.
mf
p

p
mf
f

Récitatif.

Maestoso.
(ad libitum)
CHANT.
mf
149.
PIANO.
Suivez.
Pressez.
p
Largement.
f
Andante.
Mesuré.
Très doux.
mf
p

All° agitato. (Récit.)
Cresc.
Cresc.
Très largement
Suivez.
Large.

Variations.

Poco meno,
Marquez la basse.

Cresc.
Cresc.
Agitato.

Dimin.
Dimin.
Martiale.

p
p
f
f
Cresc.
ff Très largement.
Cresc.
ff Suivez.

www.ingramcontent.com/pod-product-compliance
Ingram Content Group UK Ltd.
Pitfield, Milton Keynes, MK11 3LW, UK
UKHW021601260726
13993UKWH00002B/980

9 782329 234267